Sarah Retter

GERMAN:
FAST TRACK LEARNING
from
PHRASAL VERBS

The 100 most used English phrasal verbs with 600 phrase examples.

If you speak English, you need to focus your German learning on the most frequently used English phrasal verbs. Learn how to communicate in German the meaning of the 100 English phrasal verbs you need for everyday life.

Published by UNITEXTO

TABLE OF CONTENTS

100 MOST USED ENGLISH PHRASAL VERBS

1. Back up (Daten) sichern, unterstützen	2. Check in Einchecken
3. Join in Mitmachen, teilnehmen	4. Hurry up Sich beeilen
5. Look after Nach etwas sehen	6. Look up Etwas nachsehen
7. Live up to Etwas gerecht werden	8. Hang up Auflegen
9. Hang around Rumhängen, aufhalten	10. Grow up Aufwachsen
11. Get up Aufstehen	12. Give up Aufgeben
13. Fall out Ausfallen	14. Fall over Umfallen, hinfallen
15. Call round Vorbeikommen	16. Cheer up Aufmuntern
17. Eat out Auswärts essen	18. Call off Etwas absagen
19. Break down Zusammenbrechen	20. Call back Zurückrufen
21. Blow up Sprengen, explodieren	22. Believe in Glauben an
23. Rely on Sich auf etw. Verlassen	24. Read out Auslesen, laut vorlesen
25. Queue up Sich anstellen	26. Pick up Abholen, aufheben
27. Put off Verschieben	28. Phone up Anrufen

29. Move out Ausziehen	30. Move in Einziehen
31. Meet up Sich treffen	32. Make up Sich etw. ausdenken, ausmachen
33. Write down aufschreiben	34. Wash up Abwaschen, spülen
35. Wake up Aufwachen	36. Wait up Warten
37. Turn up Erscheinen, aufdrehen	38. Turn off Abschalten, abbiegen
39. Try on Anprobieren	40. Throw away Wegwerfen
41. Tell off Jmd. Zurechtweisen, schimpfen	42. Take up Etw. aufnehmen
43. Sort out Aussortieren	44. Show off Angeben, protzen
45. Settle down Sesshaft werden, sich beruhigen	46. Set off Aufbrechen, losfahren
47. Save up sparen	48. Sell out Verkaufen, Ausverkauf
49. Rub out Ausradieren	50. Run out Ausgehen, auslaufen
51. Abide by Etwas einhalten	52. Get together Sich treffen
53. Get rid of Jdn./Etw. Loswerden	54. Go through Durchmachen
55. Give in Nachgeben	56. Wear out Sich verschleißen
57. Use up Aufbrauchen	58. Take on Etwas übernehmen

59. Take care of Aufpassen auf	60. Stick up for Sich stark machen für
61. Sit down Sich setzen	62. Show up Auftauchen
63. Shop around Preise vergleichen	64. Run into Jdn. über den Weg laufen
65. Rule out Etwas ausschließen	66. Point out Etwas hervorheben, hinweisen
67. Put up Aufstellen, unterkommen	68. Put on Anziehen
69. Pay back Zurückzahlen	70. Pass away Ableben, sterben
71. Nod off Einnicken	72. Look up to Zu jdn. aufsehen
73. Look for Nach etw. Suchen	74. Look down on auf jdn. herabsehen, verachten
75. Let down Jdn. hängen lassen	76. Kick off Loslegen, Anstoß
77. Keep on Anbehalten	78. Watch out Aufpassen, vorsichtig sein
79. Hand out Austeilen	80. Hand in Einreichen
81. Hang out Abhängen	82. Hold on Warte, festhalten
83. Iron out Etwas ausbügeln	84. Keep up with Mit jmd. mithalten
85. Leave out Aussparen, auslassen	86. Look on Zusehen
87. Look forward to Sich auf etw. freuen, erwarten	88. Make fun of Sich lustig machen über

89. Mix up verwechseln	90. Own up Etw. zugeben, anerkennen
91. Pass out Ohnmächtig warden	92. Put out Etwas löschen, herausbringen
93. Run away Weglaufen	94. Set up Einstellen, aufbauen
95. Stand up Aufstehen	96. Take after Jmd. ähnlich sein
97. Take off Abheben, abhauen	98. Take out Herausnehmen, ausführen
99. Think over Überdenken	100. Turn down Etwas ablehnen

BEISPIELSÄTZE

1. Back up / (Daten) sichern, unterstützen

You should *back up* your computer files.	Sie sollten Ihre Computerdaten *sichern*.
Can you *back me up* on this matter?	Kannst du mich in dieser Sache *unterstützen*?
I made a *back up* of all the files yesterday.	Ich habe gestern alle Daten *gesichert*.

2. Check in / Einchecken

We will *check in* the hotel tomorrow at 10 pm.	Wir werden morgen um 22 Uhr im Hotel *einchecken*.
Please *check in* at least one hour before your flight leaves.	Bitte *checken* Sie mindestens eine Stunde vor dem Abflug *ein*.
We have to *check in* at 10:00 in the morning.	Wir müssen um 10 Uhr morgens *einchecken*.

3. Join in / mitmachen, teilnehmen

Your brother is playing hockey. Why don't you *join in?*	Dein Bruder spielt Hockey. Warum *machst* du nicht *mit*?
Amelia is a very shy girl. She never *joins in* with the other children's games.	Amelia ist sehr schüchtern. Sie *macht* nie *mit*, wenn die anderen Kinder spielen.
We are playing football tomorrow. Come and *join in.*	Wir spielen morgen Fußball. Komm und *mach mit.*

4. Hurry up / sich beeilen

If you do not *hurry up* we will miss the train.	Wenn du dich nicht *beeilst*, verpassen wir den Zug.

| *Hurry up.* Our cab is here. | *Beeil* dich. Unser Taxi ist da. |
| Can you *hurry up* and put on your coat please? | Kannst du dich bitte *beeilen* und deinen Mantel anziehen? |

5. Look after / nach etw. sehen

Look after yourself while I am away.	*Pass* auf dich *auf,* während ich weg bin.
Look after your new shoes.	*Pass* auf deine neuen Schuhe *auf.*
Eric *looks after* his family very well.	Eric *sieht* sehr gut *nach* seiner Familie.

6. Look up / etw. nachsehen

I went to Manchester last week and I *looked up* an old friend.	Ich war letzte Woche in Manchester und ich *sah nach* einem alten Freund.
My friends were in the city; so they *looked me up* and we had a gala time together.	Meine Freunde waren in der Stadt, also *suchten* sie *nach* mir und wir gingen zusammen zur Gala.
Look me up if you are ever in Brussels.	*Komm vorbei,* falls du jemals in Brüssel bist.

7. Live up to / etw. gerecht werden

Did the new movie *live up to* your expectations?	Wurde der neue Film deinen Erwartungen *gerecht*?
Our hotel was amazing and *lived up to* our expectations.	Unser Hotel war erstklassig und wurde unseren Erwartungen *gerecht.*
I am not *living up to* my parents' dreams.	Ich werde dem Traum meiner Eltern nicht *gerecht.*

8. Hang up / Auflegen

Do not ever *hang up* on me.	Wag es ja nicht, mich jemals *abzuwürgen*.
He does not have any *hang ups*.	Bei ihm *legt* keiner *auf*.
She has a real *hang up* about being seen without her makeup.	Sie hat einen richtigen *Komplex* darüber, ungeschminkt gesehen zu werden.

9. Hang around / Rumhängen, aufhalten

Please do not *hang around* in the kitchen for so long.	*Halte* dich bitte nicht so lange in der Küche *auf*.
I will *hang around* here and wait for William to arrive.	Ich werde hier *rumhängen* und auf Williams Ankunft warten.
We used to *hang around* together when we were children.	Als Kinder *hingen* wir oft zusammen *rum*.

10. Grow up / Aufwachsen

When I *grow up* I want to be a doctor.	Wenn ich groß bin, will ich Arzt werden.
He *grew up* in Singapore.	Er ist in Singapur *aufgewachsen*.
You are just being stupid. Why don't you *grow up?*	Du bist einfach nur doof. Werd *erwachsen*!

11. Get up / Aufstehen

I want to *get up* early tomorrow.	Ich will morgen früh *aufstehen*.
I *get up* at 8 o'clock every day.	Ich *stehe* jeden Tag um 8 Uhr *auf*.
Get up off the floor. Your clothes will get dirty.	*Steh* vom Boden *auf*. Deine Sachen werden dreckig.

12. Give up / Aufgeben

| He had to *give up* drinking alcohol as it | Er musste das Alkohol trinken *aufgeben*, |

made him sick.	da es ihn krank machte.
He *gave up* work to look after his children.	Er *gab* seine Arbeit *auf,* um nach seinen Kindern zu sehen.
Eric *gave up* smoking a couple of years ago.	Erik hat vor ein para Jahren das Rauchen *aufgegeben.*

13. Fall out / Ausfallen

Marcus and Jill have *fallen out.*	Marcus und Jill sind *ausgefallen.*
I *fell out* with my sister after the death of my father.	Nach dem Tod meines Vaters wurden ich und meine Schwester *ausfallend.*
My hair *fell out* when I was ill.	Meine Haare *fielen aus,* als ich krank war.

14. Fall over / Umfallen, hinfallen

The marathon runner *fell over.*	Der Marathonläufer *fiel hin.*
My son is learning to walk and keeps *falling over.*	Mein Sohn lernz zu laufen und *fällt* immer wieder *hin.*
He stood up quickly and his chair *fell over.*	Er stand so schnell auf, dass sein Stuhl *umfiel.*

15. Call round / Vorbeikommen

I think I will *call around* and see if my mother needs anything.	Ich denke, ich werde *vorbeikommen,* um zu sehen, ob meine Mutter etwas braucht.
Why don't you *call round* tomorrow?	Warum *kommst* du morgen nicht *vorbei?*
We *called round* in the evening but nobody was at home.	Wir sind am Abend *vorbeigekommen,* doch niemand war zuhause.

16. Cheer up / Aufmuntern

I wish he would *cheer up.*	Ich wünschte, er würde wieder *munter* werden.
She was very unhappy but has *cheered up* now.	Sie war sehr unglücklich, doch jetzt ist sie wieder *munterer.*
He *cheers up* when he sees his parents.	Er freut sich, wenn er seine Eltern sieht.

17. Eat out / Auswärts essen

I enjoy *eating out* with friends and families.	Ich gehe gerne und Freunden und der Familie *auswärts essen.*
I do not like *eating out.*	Ich *esse* nicht gerne *auswärts.*
I do not feel like cooking tonight. So let us *eat out.*	Ich will heute nicht kochen. Lasst uns lieber *auswärts essen.*

18. Call off / etw. absagen

They are *calling off* tennis match because of the incessant rain.	Sie *sagen* wegen dem Dauerregen das Tennisspiel *ab.*
Jack is ill, so we have to *call off* the party.	Jack ist krank, also müssen wir die Party *absagen.*
Spain airport strike has been *called off.*	Der Streik am Flughafen von Spanien wurde *abgeblasen.*

19. Break down / Zusammenbrechen

Sorry I am late. The train *broke down.*	Entschuldigen Sie die Verspätung. Der Zug hatte eine *Panne.*
My dish washer has *broken down.*	Meine Spülmaschine ist *kaputt gegangen.*
She *broke down* when she heard the news.	Sie *brach zusammen,* als sie von den Neuigkeiten erfuhr.

20. Call back / Zurückrufen

Williams is busy now. Can you *call back* in the afternoon?	William ist gerade beschäftigt. Können Sie am Nachmittag *nochmal anrufen*?
He forgot to book the room. So Jack had to *call back* the hotel.	Er vergaß, das Zimmer zu buchen, deshalb musste Jack das Hotel *zurückrufen*.
Mr Evans wants you to *call back* as soon as possible.	Mr. Evans möchte, dass Sie ihn so schnell es geht *zurückrufen*.

21. Blow up / Sprengen, explodieren

Fortunately the aircraft was empty when the hijackers *blew it up*.	Zum Glück war das Flugzeug leer, als die Hijacker es *in die Luft jagten*.
Many people got injured when the house *blew up* because of the gas leak.	Viele Leute wurden verletzt, als das Haus wegen einem Gasleck *explodierte*.
I broke her iPad and she *blew up* at me.	Ich habe ihr iPad kaputt gemacht und sie *explodierte*.

22. Believe in / Glauben an

Do you *believe in* God?	*Glauben* Sie *an* Gott?
My children still *believe in* fairies.	Meine Kinder *glauben* immer noch *an* Feen.
They do not *believe in* the death penalty.	Sie *glauben* nicht *an* die Todesstrafe.

23. Rely on / sich auf etw. verlassen

You can *rely on* Jasmine.	Du kannst dich auf Jasmine *verlassen*.
I wish I could *rely on* the train arriving on time.	Ich wünschte, ich könnte mich darauf *verlassen*, dass der Zug pünktlich ist.
Can I *rely on* you to keep my secret?	Kann ich mich darauf *verlassen*, dass du

	mein Geheimnis für dich behältst?

24. Read out / Auslesen, laut vorlesen

She *read out* the names of the winners.	Sie las die Namen der Gewinner *laut vor*.
Can you please *read out* the court order?	Können Sie den Gerichtsbeschluss bitte *laut vorlesen*?
The judge decided to *read out* the names of the contestants after much deliberation.	Nach einer langen Beratung beschloss der Richter beschloss, die Namen der Teilnehmer *laut vorzulesen*.

25. Queue up / sich anstellen

We had to *queue up* for more than an hour to get a taxi.	Wir mussten länger als eine Stunde *anstehen*, um ein Taxi zu kriegen.
Traffic is *queuing up* on the motorway.	Der Verkehr auf der Autobahn steht Schlange.
Fans *queued up* for hours to watch the final Harry Potter film.	Fans *standen* stundenlang *an*, um den finalen Harry Potter-Film zu sehen.

26. Pick up / Abholen, aufheben

He *picked up* the suitcase and put it in the boot of the car.	Er *nahm* den Koffer und legte ihn in den Kofferraum.
I need to *pick up* Alice on my way home.	Ich muss Alice auf dem Weg nach Hause *abholen*.
Can you please *pick up* groceries on your return?	Kannst du auf dem Rückweg noch ein para Lebensmittel einkaufen?

27. Put off / Verschieben

Can you please *put off* the meeting until tomorrow?	Können Sie das Meeting bitte auf morgen *verschieben*?
We are going to *put off* our marriage till June as my Grandfather is very sick.	Wir werden unsere Hochzeit auf Juni *verschieben*, da mein Opa sehr krank ist.
I don't want to see the contractors today. Can you *put him off* until next week?	Ich will die Unternehmer heute nicht sehen. Können Sie den Termin auf nächste Woche *verschieben*?

28. Phone up / Anrufen

Max is late. Can you *phone him up* and ask him to come?	Max ist spät dran. Kannst du ihn *anrufen* und fragen, wann er kommt?
Phone up John and arrange a meeting in the evening.	*Rufen* Sie John *an* und vereinbaren Sie ein Meeting für heute Abend.
Please *phone up* Alice and ask her to come down immediately.	*Ruf* bitte Alice *an* und bitte sie, sofort runter zu kommen.

29. Move out / Ausziehen

We are *moving out* on Sunday.	Wir *ziehen* am Sonntag *aus*.
Sarah is supposed to *move out* of her old house today.	Sarah sollte heute aus ihrem alten Haus *ausziehen*.
The lease on my flat is expiring and I need to *move out* fast.	Mein Wohnungsvertrag läuft aus und ich muss schnellstens *ausziehen*.

30. Move in / Einziehen

I *moved in* last week.	Ich bin letzte Woche *eingezogen*.
Peter and Carol have plans to *move in* together.	Peter und Carol planen *zusammenzuziehen*.
We plan to *move in* to this new house next	Wir wollen nächstes Jahr in dieses neue

year.	Haus *einziehen*.

31. Meet up / sich treffen

Can we *meet up* for lunch next week?	Können wir uns nächste Woche zum Mittagessen *treffen*?
I will *meet up* with my friends on Saturday.	Ich werde mich am Samstag mit meinen Freunden *treffen*.
Let us *meet up* for coffee on Monday.	Lasst uns am Montag für einen Kaffee *treffen*.

32. Make up / sich etw. ausdenken, ausmachen

It is wrong to *make up* stories about people.	Es ist falsch, Geschichten über Leute zu *erfinden*.
He *made up* lies about me.	Er hat Lügen über mich *erfunden*.
The children *made up* a wonderful game about kings and dragons.	Die Kinder haben sich ein tolles Spiel über Könige und Drachen *ausgedacht*.

33. Write down / Aufschreiben

I will read it out and you *write it* down.	Ich werde es laut vorlesen und du *schreibst* es *auf*.
Can you *write down* the list of things we need to take?	Kannst du alles *aufschreiben*, was wir brauchen?
She *wrote down* everything her teacher said.	Sie hat alles *aufgeschrieben*, was ihr Lehrer sagte.

34. Wash up / Abwaschen, spülen

Can you help me *wash up* these dishes?	Kannst du mir mit dem *Abwasch* helfen?

| Dinner is ready; go and *wash up,* please. | Das Essen ist fertig; *wasch* dir bitte die Hände. |
| Make sure you *wash up* before you eat. | Vergiss nicht, dir vor dem Essen die Hände zu *waschen.* |

35. Wake up / Aufwachen

I will *wake up* early tomorrow.	Ich werde morgen früh *aufwachen.*
I *woke up* at 6:00 in the morning.	Ich bin um 6 Uhr morgens *aufgewacht.*
I keep *waking up* in the middle of the night.	Ich *wache* ständig mitten in der Nacht *auf.*

36. Wait up / Warten

I will be late tonight. Do not *wait up* for me.	Ich werde heute Abend später kommen. *Warte* nicht auf mich.
Wait up! I have forgotten my briefcase.	*Warten Sie*! Ich habe meinen Aktenkoffer vergessen.
Wait up! I need to speak to you.	*Warte*! Ich muss mit dir reden.

37. Turn up / Erscheinen, aufdrehen

I hope the cab *turns up* soon.	Ich hoffe, dass das Taxi bald *auftaucht.*
I have invited 20 people to the party but I wonder if anybody will *turn up.*	Er hat 20 Leute zur Party eingeladen, doch ich frage mich, ob überhaupt jemand *erscheinen* wird.
The oven is not hot at all. You need to *turn* it *up.*	Der Oven ist ja gar nicht heiß. Du musst ihn weiter *aufdrehen.*

38. Turn off / Abschalten, Abbiegen

| This switch *turns off* the kitchen light. | Mit diesem Schalter *macht* man das Licht |

	in der Küche *aus.*
Turn off the TV at once; it is time to go to bed.	*Schalte* sofort den Fernseher *aus,* es ist Zeit fürs Bett.
Turn off here please. My house is the last one on the road.	Bitte hier *abbiegen.* Mein Haus ist das Letzte auf der Straße.

39. Try on / Anprobieren

I hate *trying on* new clothes.	Ich hasse es, neue Kleidung *anzuprobieren.*
Please *try on* these new shoes.	Bitte *probieren* Sie diese neuen Schuhe *an.*
Schools start next week, so you should *try on* the new uniform.	Die Schule beginnt nächste Woche, also solltest du die neue Uniform *anprobieren.*

40. Throw away / Wegwerfen

My mom *threw away* my English essay book.	Meine Mama hat meinen Englischaufsatz *weggeworfen.*
He has *thrown away* all his rusty tools.	Er hat all seine rostigen Werkzeuge *weggeworfen.*
Why don't you *throw away* those old shoes?	Warum *wirfst* du diese alten Schuhe nicht *weg?*

41. Tell off / Jmd. Zurechtweisen, schimpfen

He *tells* us *off* for the smallest of things.	Er *schimpft* uns für jede Kleinigkeit *aus.*
Mum will *tell* you *off* for breaking the window.	Mama wird mit dir *schimpfen,* weil du das Fenster kaputt gemacht hast.
The English teacher *told* us *off* for being inattentive in class.	Der Englischlehrer *schimpfte,* weil wir nicht aufpassten.

42. Take up / etw. aufnehmen

My grandmother has *taken up* knitting.	Meine Oma hat mit dem Stricken *angefangen*.
He *took up* stamp collecting when he was a little boy.	Als er ein kleiner Junge war, hat er Briefmarken gesammelt.
I have recently *taken up* photography.	Ich habe vor kurzem mit dem Fotografieren *angefangen*.

43. Sort out / Aussortieren

My bookcase is in a mess. I need to *sort out* my books.	Mein Bücherregal ist ganz durcheinander. Ich muss meine Bücher *aussortieren*.
The room is very untidy. You need to *sort out* the clothes.	Das Zimmer ist sehr unordentlich. Du musst die Kleidung *aussortieren*.
Will you please *sort out* your disagreements with your husband?	*Klären* Sie bitte Ihre Unstimmigkeiten mit Ihrem Mann?

44. Show off / Angeben, protzen

She *showed off* her new pearl necklace to her friends.	Sie *protzte* vor ihren Freundinnen mir ihrer neuen Perlenkette.
John *showed off* his new toy to his friends.	John *gab* mit seinem neuen Spielzeug vor seinen Freunden *an*.
He is always *showing off* in the classroom and getting into trouble.	Er *gibt* immer in der Klasse *an* und macht Probleme.

45. Settle down / Sesshaft werden, sich beruhigen

| They make a lovely couple. I hope they *settle down* together. | Sie sind wirklich ein tolles Para. Ich hoffe sie werden sich zusammen *niederlassen*. |
| I wish the children would *settle down* and | Ich wünschte, die Kinder würden sich |

| go to sleep. | endlich *beruhigen* und schlafen gehen. |
| Alice and Peter are *settling down* and buying a house together. | Alice und Peter *werden sesshaft* und kaufen gemeinsam ein Haus. |

46. Set off / Aufbrechen, losfahren

They *set off* for home.	Sie *machten sich auf den Weg* nach Hause.
We *set off* for London with only GBP 20 in our pockets.	Wir *brachen* mit nur 20 GBP in der Tasche nach London *auf*.
He *set off* from Paris yesterday.	Er ist gestern von Paris *losgefahren*.

47. Save up / Sparen

We are *saving up* for a new house.	Wir *sparen* für ein neues Haus.
He *saved up* for a year for the new bike.	Für das neue Fahrrad hat er ein Jahr lang *gespart*.
You will have to *save up* a lot if you want to buy that expensive car.	Für das teure Auto wirst du viel *sparen* müssen.

48. Sell out / Verkaufen, Ausverkauf

He *sells out* his cakes every day.	Jeden Tag *verkauft* er *all* seine Kuchen.
We are *selling out* iPhones very fast.	Die iPhones sind bei uns schnell *ausverkauft*.
We have *sold out* tickets for the show.	Wir haben *ausverkaufte* Tickets für die Show.

49. Rub out / Ausradieren

| Can you *rub out* the writing on the board? | Kannst du bitte das Geschriebene an der Tafel *wegwischen*? |

You have made a spelling mistake. *Rub* it *out* please.	Du hast einen Rechtschreibfehler gemacht. Bitte *radiere* ihn *aus*.
Rub out all your bad feelings from your mind.	*Streichen* Sie alle schlechten Gefühle aus Ihren Gedanken.

50. Run out / Ausgehen, auslaufen

I have *run out* of bread.	Ich habe kein Brot *mehr*.
We are *running out* of orange juice.	Der Orangensaft ist bald *leer*.
I *ran out* of petrol on my way home.	Auf meinem Weg nach Hause *ging* mir das Benzin *aus*.

51. Abide by / etw. einhalten

If you want to keep your job here, you must *abide by* the rules.	Wenn Sie Ihren Job hier behalten wollen, müssen Sie die Regeln *einhalten*.
All citizens must *abide by* the laws of the land.	Alle Bürger müssen die Gesetze des Landes *einhalten*.
You must *abide by* the regulations of the club.	Sie müssen die Regeln des Clubs *einhalten*.

52. Get together / sich treffen

Let us *get together* for your birthday.	Lass uns an deinem Geburtstag *treffen*.
Did you attend the *get together* last Sunday?	Bist du letzten Sonntag beim *Treffen* gewesen?
First *get together* and make some plan.	*Trefft* euch erst und plant etwas.

53. Get rid of / Jdn./etw. loswerden

Please *get rid of* that old dress.	Bitte *werde* endlich dieses alte Kleid *los*.

You need to *get rid of* your poor attitude.	Du musst dieses unerträgliche Verhalten *ablegen*.
John might *get rid of* his old computer to make some money.	John will seinen alten Computer *loswerden*, um etwas Geld zu verdienen.

54. Go through / Durchmachen

Andy *went through* a lot of pain when his mother died.	Andy musste eine Menge Schmerz *durchleiden*, als seine Mutter gestorben ist.
You need to *go through* these books before the exam starts.	Du musst vor dem Examen all diese Bücher *durchgehen*.
Did you *go through* my thesis paper at all?	Haben Sie sich meine These überhaupt *durchgelesen*?

55. Give in / Nachgeben

We will never *give in* to the demand of the terrorists.	Wir werden niemals den Anforderungen der Terroristen *nachgeben*.
Please do not *give in* to her tantrums.	Bitte *geben* Sie ihren Trotzanfällen nicht *nach*.
Do not *give in* to the unethical demands of the company.	*Geben* Sie den unethischen Anforderungen des Unternehmens nicht *nach*.

56. Wear out / sich verschleißen

Sam was *worn out* after all that running.	Sam war nach all dem Gerenne ziemlich *ausgelaugt*.
Julie *wore out* her shoes running the marathons.	Julie hat durch den Marathonlauf ihre Schuhe *verschlissen*.
The effects of the medicine will *wear out* slowly.	Die Wirkung der Medizin wird langsam *nachlassen*.

57. Use up / Aufbrauchen

Your parents *used up* all the coffee.	Deine Eltern haben den ganzen Kaffee *aufgebraucht*.
Did you *use up* all the chalk that I gave you?	Hast du die ganze Kreide *aufgebraucht*, die ich dir gegeben habe?
Please *use up* the box now before he comes.	Bitte *verbrauche* die Schachtel bevor er kommt.

58. Take on / etw. übernehmen

I hear they are *taking on* extra staff for this mega event.	Ich habe gehört, dass sie für dieses Riesenevent extra Leute *anheuern*.
Our football team is ready to *take on* the challengers.	Unser Football-Team ist bereit, sich den Herausforderern zu *stellen*.
You must think of *taking on* a few extra members at the end of the year.	Sie müssen daran denken, am Ende des Jahres ein paar zusätzliche Mitglieder zu *übernehmen*.

59. Take care of / Aufpassen auf

Please *take care of* my cat when I am away.	Bitte *pass* auf meine Katze *auf*, während ich weg bin.
John will surely *take care of* his ailing mother.	John wird sicher auf seine kranke Mutter *aufpassen*.
Alice has promised to *take care of* my pets during her vacation.	Alice hat versprochen, im Urlaub auf meine Haustiere *aufzupassen*.

60. Stick up for / sich stark machen für

My brother always *stuck up for* me whenever I got into a fight.	Mein Bruder hat sich immer *für mich stark gemacht*, wenn ich mich geprügelt habe.
Jill had pledged to *stick up for* her husband	Jill hat geschworen, ihrem Mann auch in

even during hard times.	schweren Zeiten *beizustehen*.
You should always *stick up for* me like a big brother.	Du solltest dich immer wie ein großer Bruder *für mich einsetzen*.

61. Sit down / sich setzen

I think you should *sit down* when the show starts.	Ich denke, su solltest dich *hinsetzen*, wenn die Show beginnt.
You should never *sit down* when the national anthem starts.	Du solltest niemals *sitzen*, wenn die nationale Hymne spielt.
Please *sit down* in the seat right next to her.	Bitte *setzen* Sie sich auf den Platz neben ihr.

62. Show up / Auftauchen

I do not think she will *show up* tonight.	Ich denke nicht, dass sie heute Abend *auftauchen* wird.
Did he *show up* yesterday?	Ist er gestern *aufgetaucht*?
I am sure Peter will *show up* at the party.	Ich bin mir sicher, dass Peter bei der Party *auftauchen* wird.

63. Shop around / Preise vergleichen

Let us *shop around* and see if we can find anything cheaper.	Lass uns *Angebote vergleichen* und gucken, ob wir etwas günstigeres finden.
Ask Jim to *shop around* before he buys a laptop.	Bitte Jim, erst verschiedene *Angebote zu vergleichen*, bevor er einen Laptop kauft.
It is always prudent to *shop around* to compare prices and get the best deal.	Es ist immer von Vorteil, erst *Preise zu vergleichen* und den besten Deal zu ergattern.

64. Run into / Jdn. über den Weg laufen

I am glad I *ran into* you.	Ich bin froh, *dir über den Weg gelaufen* zu sein.
Did you *run into* him at the mall?	Bist du ihm im Einkaufszentrm *über den Weg gelaufen*?
I *ran into* Alice when I was in the grocery market.	Ich bin Alice *über den Weg gelaufen*, als ich im Supermarkt war.

65. Rule out / etw. ausschließen

The police had already *ruled* him *out* as a suspect.	Die Polizei hat ihn als Verdächtigen *ausgeschlossen*.
Jack was *ruled out* of the match due to an injury.	Jack wurde aufgrund einer Verletzung vom Spiel *ausgeschlossen*.
The coach was forced to *rule* him *out* of the exhibition tie as he had a sore back.	Der Trainer musste ihn wegen Rückenschmerzen von der Ausstellung *ausschließen*.

66. Point out / etw. hervorheben, hinweisen

Jim *pointed out* that there is a mistake in the calculation.	Jim *wies darauf hin*, dass es einen Fehler bei der Rechnung gab.
Please *point out* the mistakes in the English paper.	Bitte *weisen* Sie auf die Fehler in diesem Englischaufsatz *hin*.
Please *point out* these nations in the world map.	Bitte *heben* Sie diese Nationen auf der Weltkarte *hervor*.

67. Put up / Aufstellen, unterkommen

I can *put* you *up* until the weekend.	Ich kann dich bis zum Wochenende *unterbringen*.
I cannot *put up* with her tantrums	Ich kann ihre Trotzanfälle nicht länger

anymore.	*ertragen.*
Can you *put* me *up* in your house for a week?	Kann ich für eine Woche lang in deinem Haus *unterkommen*?

68. Put on / Anziehen, anmachen

Please *put on* the light in this room.	*Schalten* Sie bitte das Licht in diesem Zimmer *an*.
It is very cold here; you should *put on* some warm clothes.	Es ist sehr kalt hier, du solltest dir etwas warmes *anziehen*.
Do not *put on* the fan in this chill weather.	*Schalte* bei diesem kalten Wetter nicht den Ventilator *an*.

69. Pay back / Zurückzahlen

I will *pay* you *back* as soon as I get the loan.	Ich werde dir das *Geld zurückgeben*, sobald ich den Kredit bekommen habe.
Can you please *pay* me *back* a part of the loan amount today?	Können Sie mir heute bitte einen Teil des Kredits *zurückzahlen*?
I will *pay back* all dues by tonight.	Ich werde bis heute Abend alle Rechnungen *begleichen*.

70. Pass away / Ableben, sterben

My grandfather *passed away* in his sleep peacefully.	Mein Opa ist friedlich im Schlaf *gestorben*.
My mother *passed away* this morning.	Meine Mutter ist heute morgen *verstorben*.
I think he will *pass away* anytime.	Ich denke, er wird jeden Augenblick *von uns gehen*.

71. Nod off / Einnicken

You were so tired today that you *nodded off* on the couch.	Du warst heute so müde, dass du auf der Couch *eingenickt* bist.
I think I will *nod off* right after this commercial break.	Ich denke, ich werde *einnicken*, sobald die Werbung vorbei ist.
Jim *nodded off* in his seat right in the middle of the speech.	Jim *nickte* mitten während der Rede auf seinem Stuhl *ein*.

72. Look up to / Zu jdm. aufsehen

I always *looked up to* my father.	Ich habe immer zu meinem Vater *aufgesehen*.
Your mother is a great woman; always *look up to* her for inspiration.	Deine Mutter ist eine tolle Frau; ich *sehe* zur Inspiration immer zu ihr *auf*.
Remember to *look up to* great leaders of the country for inspiration.	*Sieh* immer zu den großen Führern des Landes *auf*, um dich inspirieren zu lassen.

73. Look for / Nach etw. suchen

Harry went to the shop to *look for* a new computer.	Harry ging zum Laden, um nach einem neuen Computer zu *suchen*.
Alice went to the book shop to *look for* the latest bestseller.	Alice gibt zum Buchladen, um nach dem neuesten Bestseller zu *suchen*.
Can you please *look for* the album when you visit the music store?	Kannst du bitte nach dem Album *Ausschau* halten, wenn du im Musikladen bist?

74. Look down on / auf jdn. herabsehen, verachten

| She always *looks down on* anyone who is poor. | Sie *sieht* auf alle *herab*, die arm sind. |
| You should never *look down on* people who are unfortunate. | Du solltest niemals Leute *verachten*, nur weil sie sich in einer misslichen Lage befinden. |

The tyrant king *looked down on* his subjects and this angered the people.	Der tyrannische König *verachtete* sein Volk und verärgerte es dadurch.

75. Let down / Jdn. hängen lassen

I feel so *let down* by the college authorities.	Ich fühle mich von den Schulbehörden sehr *im Stich gelassen*.
The coach felt *let down* after he was sacked after just a couple of games.	Der Coach fühlte sich *im Stich gelassen*, als er nach nur ein paar Spielen entlassen wurde.
Do not *let down* your people through poor governance.	*Lass* deine Leute nicht *hängen*, wenn die Regierung schlecht dran ist.

76. Kick off / Loslegen, Anstoß

The rugby match *kicked off* at 8:00 in the evening.	Das Rugbyspiel hat um 20 Uhr *angefangen*.
What is the *kick off* time of the football match?	Wann ist der *Anstoß* beim Fußballspiel?
The match *kicked off* late due to poor weather.	Der *Anstoß* des Spiels wurde aufgrund des schlechten Wetters verzögert.

77. Keep on / Anbehalten

If you *keep on* making that noise I will really get annoyed.	Wenn du *weiterhin* dieses Geräusch machst, werde ich echt gereizt.
You cannot *keep on* watching TV during daytime.	Du kannst nicht den ganzen Tag Lang nur fernsehen.
You need to *keep on* looking for that document as it is very important.	Du musst *weiterhin* nach diesem Dokument suchen. Es ist sehr wichtig.

78. Watch out / Aufpassen, vorsichtig sein

Watch out! There is a dog over there.	*Pass auf!* Da vorne ist ein Hund.
You should *watch out* for him in the evening.	Du solltest dich abends vor ihm *in Acht nehmen.*
Watch out! He is carrying a gun.	*Vorsicht!* Er hat eine Pistole.

79. Hand out / Austeilen

Susan worked at the relief camp where she *handed out* warm clothes.	Susan arbeitet bei der Hilfsorganisation, wo sie warme Kleidung *austeilte.*
I need to *hand out* the fliers before the officers come.	Ich muss diese Flyer *austeilen*, bevor die Chefin kommt.
Do not *hand out* the bills before you are asked to do so.	*Teilen* Sie keine Rechnungen *aus*, solange Sie nicht darum gebeten werden.

80. Hand in / Einreichen

Please *hand in* your papers before Friday.	Bitte *reicht* eure Arbeit vor Freitag *ein.*
I intend to *hand in* my resignation if he decides to go ahead with the new rules.	Ich habe vor, meine Kündigung *einzureichen*, wenn er die neuen Regeln durchsetzen will.
You should *hand in* all documents before you leave the office.	Du solltest alle Dokumente *einreichen*, bevor du das Büro verlässt.

81. Hang out / Abhängen

Which pub does the team *hang out* after the game?	In welcher Kneipe *hängt* das Team nach dem Spiel *ab*?
I have no intention to *hang out* with your friends.	Ich habe nicht vor, mit deinen Freunden *abzuhängen.*
Bob has a habit of *hanging out* with the wrong people.	Bob hat die Angewohnheit, mit den falschen Leuten *abzuhängen.*

82. Hold on / Warte, festhalten

Please *hold on* and a person will speak to you.	Bitte *warten* Sie und eine Person wird mit Ihnen sprechen.
She was very scared and *held on* to her dear life.	Sie hatte viel Angst und *hielt* an ihrem Leben *fest*.
Please *hold on*; I will connect you to the President.	*Warten* Sie bitte; Ich werde Sie mit dem Presidenten verbinden.

83. Iron out / etw. ausbügeln

It is very important to *iron out* all the differences between you two.	Es ist sehr wichtig, dass ihr alle Schwierigkeiten zwischen euch *ausbügelt*.
The two countries met at the conference to *iron out* their nagging differences.	Die zwei Länder trafen sich auf einer Konferenz, um die lästigen Differenzen *auszubügeln*.
You should *iron out* all doubts before you join here.	Du solltest alle Zweifel *beseitigen*, bevor zu dich hier anschließt.

84. Keep up with / Mit jmd. mithalten

I am unable to *keep up with* your incessant demands.	Ich kann mit Ihren unaufhörlichen Anfragen nicht *mithalten*.
I read the paper every day to *keep up with* the news.	Ich lese jeden Tag die Zeitung, um bei den News immer auf dem *aktuellen Stand* zu sein.
It is really difficult to *keep up with* his level of IQ.	Es ist sehr schwer, mit seinem IQ *mitzuhalten*.

85. Leave out / Aussparen, auslassen

Please check the form and ensure that	Bitte überprüfen Sie das Formular und

nothing is *left out*.	gehen Sie sicher, dass nichts *ausgelassen* wurde.
Please *leave out* all your personal comments from her file.	Bitte *unterlassen* Sie Ihre persönlichen Kommentare in ihrer Akte.
John, never *leave out,* any questions during the exam.	John, *lass* während des Tests niemals Fragen *aus*.

86. Look on / Zusehen

If you do not want to take part, you can *look on* for now.	Wenn du nicht mitmachen willst, kannst du vorerst *zusehen*.
You can *look on* at the races but there is no need to place bets.	Du kannst beim Rennen *zusehen*, doch man muss keine Wette abschließen.
I need to *look on* at the pitch to find him out.	Ich muss auf das Spielfeld *gucken*, um ihn ausfindig zu machen.

87. Look forward to / sich auf etw. freuen, erwarten

I am *looking forward* to my birthday.	Ich *freue mich auf* meinen Geburtstag.
I eagerly *look forward* to the new year.	Ich *freue* mich schon sehr *auf* das neue Jahr.
Jill is so excited that she is already *looking forward to* the vacation.	Jill ist so aufgeregt und *freut sich* richtig *auf* den Urlaub.

88. Make fun of / sich lustig machen über

Never *make fun of* poor people.	*Mache* dich niemals über arme Leute *lustig*.
I do not have the habit of *making fun of* the helpless people.	Ich *mache* mich nicht über hilflose Leute *lustig*.
You can *make fun of* them but never make	Du kannst dich über sie *lustig machen*, aber niemals eine negative Bemerkung

any adverse comments.	äußern.

89. Mix up / Verwechseln

She had so many cats that she keeps *mixing up* their names.	Sie hatte so viele Katzen, dass sie ständig die Namen *verwechselte*.
She had a bad habit of *mixing up* the stories of her cousins.	Sie hatte die schlechte Angewohnheit, die Geschichten ihrer Cousins zu *verwechseln*.
The person was involved in a great *mix-up*.	Die Person war an einer großen *Verwechslung* beteiligt.

90. Own up / etw. zugeben, anerkennen

You need to *own up* all your mistakes right now.	Sie müssen jetzt all Ihre Fehler *zugeben*.
It is very difficult to *own up* in front of so many people.	Es ist sehr schwer, etwas vor so vielen Leuten *zuzugeben*.
He never *owns up* to his lies and mistakes.	Er *gibt* nie seine Lügen und Fehler *zu*.

91. Pass out / Ohnmächtig werden

He *passed out* at the end of the race as he didn't drink enough water.	Er ist am Ende des Rennens *ohnmächtig geworden*, weil er nicht genug Wasser getrunken hat.
Jill *passed out* as soon as she heard the news.	Jill *wurde ohnmächtig*, als sie von den Neuigkeiten erfuhr.
You must drink this or you will *pass out* in this weather.	Du musst das trinken oder du *wirst* bei diesem Wetter *ohnmächtig*.

92. Put out / etw. löschen, herausbringen

The fire fighters were able to *put out* the	Die Feuerwehrmänner konnten das Feuer

fire in 10 min.	in 10 Minuten *löschen*.
Can you *put out* this candle please?	Können Sie bitte diese Kerze *ausmachen*?
The school authorities had *put out* the fire very quickly.	Die Schulbehörden haben das Feuer schnell *gelöscht*.

93. Run away / Weglaufen

He *ran away* from home and joined the circus.	Er ist von zu Hause *weggelaufen* und schloss sich dem Zirkus an.
Alice managed to *run away* from her kidnappers.	Alice konnte von ihren Entführern *fliehen*.
The little boy had made all arrangements to *run away* as his mother had scolded him.	Der kleine Junge traf alle Vorkehrungen für sein *Weglaufen*, da seine Mutter mit ihm schimpfte.

94. Set up / Einstellen, aufbauen

They *set up* their own company when they were still in high school.	Sie *bauten* Ihr eigenes Unternehmen *auf*, als Sie noch zur Sekundarschule gingen.
I need to *set up* a manufacturing unit for my business very soon.	Ich muss sehr bald eine Fertigungseinheit für mein Business *installieren*.
The company should *set up* a good canteen for its employees.	Das Unternehmen sollte für die Angestellten eine gute Kantine *aufbauen*.

95. Stand up / Aufstehen

The whole stadium *stood up* when the national anthem was played.	Das gesamte Stadion stand auf, als die Nationalhymne gespielt wurde.
You need to *stand up* when the teacher enters the room.	Du musst *aufstehen*, wenn der Lehrer den Raum betritt.
Stand up right now or I will call the	*Steh* sofort auf oder ich rufe den Direktor.

principal.	

96. Take after / jdm. ähnlich sein

Angie really *takes after* her grandmother.	Angie *kommt* wirklich *nach* ihrer Oma.
In terms of behaviour, Jack *takes after* his mother.	Bezüglich seines Verhaltens *kommt* Jack sehr *nach* seiner Mutter.
It is the little boy *took after* his maternal uncle.	Der kleine Junge *sieht* seinem Onkel mütterlicherseits sehr *ähnlich*.

97. Take off / Abheben, abhauen

The plane will *take off* in about 5 min.	Das Flugzeug wird in etwa 5 Minuten *abheben*.
The plane will *take off* as soon as the fog lifts.	Das Flugzeug wird *abheben*, sobald der Nebel sich lichtet.
Sources revealed that the plane *took off* very late in the night.	Quellen offenbarten, dass das Flugzeug spät in der Nacht *abhob*.

98. Take out / Herausnehmen, ausführen

Please *take out* your mobile phones and switch them off.	Bitte *nehmt* eure Handys *heraus* und macht sie aus.
The children *took out* their exercise books as soon as the teacher entered the room.	Die Kinder *nahmen* Ihre Übungsbücher *heraus*, sobald der Lehrer den Raum betrat.
Please *take out* your pens when you are asked to do so.	*Nehmt* bitte eure Stifte *heraus*, wenn Ihr darum gebeten werdet.

99. Think over / Überdenken

Take your time and *think* it *over* before you	Nehmen Sie sich Zeit, es noch einmal zu

decide.	*überdenken*, bevor Sie eine Entscheidung treffen.
Think over this proposal over and over again and then make a decision.	*Denke* gut über diesen Vorschlag *nach* und treffe dann eine Entscheidung.
I think you need to *think over* what he said right now.	Ich denke, du solltest darüber *nachdenken*, was er soeben sagte.

100.   Turn down / etw. ablehnen

He will definitely *turn down* your request.	Er wird deine Bitte definitiv *ablehnen*.
I asked her out but she *turned* me *down* flat.	Ich habe sie um eine Verabredung gebeten, doch sie hat mich *abblitzen lassen*.
Please *turn down* the music right now.	Bitte mache sofort die Musik *leiser*.

THE END

Printed in Great Britain
by Amazon